Inhaltsverzeichnis

Vorwort	2
Tipps zur Organisation und Durchführung	
- Allgemein	3
- Räumlichkeiten	3
- Bühnenbild	4
- Musik und Technik	7
- Die Rollen und ihre Kostüme	8
- Requisiten	11
- Werbeplakate und Einladungskarten	11
- Vorbereitungen für den Tag der Aufführung	14
Theaterstück mit Text	15
Alternatives Ende	26
Liedtexte mit Noten	29

Vorwort

Die Märchen-Satire „Es war einmal – im 21. Jahrhundert" wurde für Kinder der 3./4. Klasse einer Grundschule geschrieben.

Das Stück dauert ca. 20 bis 25 Minuten und wird für eine variable Anzahl von Teilnehmern angeboten. Die Mindestteilnehmerzahl ist 12 (11 Spieler + 1 Souffleur). Die Anzahl der Spieler kann auf bis zu 20 (18 Spieler + 2 Souffleure) erhöht werden. Dazu können weitere Kinder mit Musikeinlagen (Flötenspieler) oder durch künstlerische Gestaltung des Bühnenbildes und der Werbeplakate in das gesamte Projekt miteinbezogen werden. So ist es sowohl für eine kleine Theatergruppe als Arbeitsgemeinschaft als auch für eine ganze Schulklasse geeignet.

Die musikalische Gestaltung des Stücks kann auch mithilfe der beigefügten CD erfolgen. Mehr Informationen hierzu stehen unter „Musik und Technik" auf Seite 7.

Die Textpassagen sind nicht allzu lang und selbst für die Kinder mit einer „tragenden Rolle" relativ leicht zu lernen. Wenn die Kinder den Text beherrschen, kann mit ca. 6-8 anderthalbstündigen Proben eine Aufführungsreife erreicht werden. Wichtig ist dabei, den Charakter einer Satire zu beachten. Die Aufführung sollte frech und lustig sein und von den Schauspielern mit „schelmischen Zügen" umgesetzt werden.

Es bietet sich an, durch kleine, von der Spielleitung selbst vorzunehmende Textänderungen einen besonderen, aktuellen und orginellen Bezug zur Schule bzw. zum jeweiligen Umfeld herzustellen.
Beispiel: • Es war einmal im Jahre ... (Jahr der Aufführung einfügen)
 • Lärmquelle „Flughafen" (3. Szene) wird zur „Stadtautobahn" oder „Baustelle des neuen Einkaufszentrums" o. Ä.

Bei der Durchführung dieses Theaterprojektes wurde der Arbeits-, Zeit- und Organisationsaufwand für die Spielleitung so gering wie möglich gehalten. Daher eignet es sich für die unterschiedlichsten Anlässe, wie z. B. ein Schulfest, eine Abschlussfeier oder eine Einschulungsfeier, wenn ältere Kinder für die „Neulinge" etwas aufführen.

Es wäre mit Hilfe dieser Vorlage auch durchaus möglich, ein solches Theaterprojekt von Seiten der Schule oder des Lehrers an „nicht theaterkundige" engagierte Eltern zu delegieren. So könnte auch außerhalb des regulären Unterrichtes in Form einer Arbeitsgemeinschaft „Theatergruppe" eine gelungene Aufführung realisiert werden.

Viel Spaß und Erfolg bei der Aufführung wünscht Ihnen

Birgit Brandstaetter-Schwartz

Tipps zur Organisation und Durchführung

Allgemein

Vor dem Beginn der Arbeit sollte eine allgemeine Besprechung mit der Gruppe erfolgen, um bestimmte Verhaltensregeln festzulegen, die Organisation zu besprechen und natürlich die Rollen zu verteilen. Hierbei ist es nützlich, schriftlich festzuhalten, welche Kinder für die Requisiten verantwortlich sind und wer ein Kostüm oder Schminke besorgen kann. Auch ein Probenplan sollte festgelegt werden. Es ist für die Kinder leichter, sich feste, regelmäßige Termine zu merken. Der Plan kann zur Sicherheit im Klassenzimmer ausgehangen werden.

Zum Anfang jeder Probe hilft eine kleine Entspannungs- oder Einstiegsübung zur Konzentration und Einstimmung.
Einige Verhaltensregeln helfen beim Ablauf der Proben. Dazu gehören u. a.:
- Alle, die nicht an einer Szene beteiligt sind, bleiben leise im Hintergrund.
- Jeder beteiligt sich am Auf- und Abbau.
- Kritik muss fair sein.
- Jeder hilft den anderen, das Projekt wird gemeinsam gestaltet.
- Es wird nicht gehänselt oder geärgert, alle sind gleich wichtig und tragen ihren Teil zu einem gelungenen Stück bei.

Das Umräumen der Requisiten zwischen den einzelnen Szenen kann in der Probe direkt integriert und geübt werden.
Bei den Schauspielern muss die Spielleitung darauf achten, dass sie ihren Text laut und deutlich sprechen, und nie den Rücken zum „imaginären" Publikum wenden.

Die Regieanweisungen im Text sind stark begrenzt. Sie sollen die Kinder unterstützen, ihnen jedoch genügend Freiraum geben, die Figur eigenständig mit „Leben zu füllen".
Besprechen Sie gemeinsam die Charaktere und überlegen Sie mit den Kindern, was die einzelnen Figuren ausmachen könnte. Dabei spielt der Ausdruck eine große Rolle, dazu gehören Sprechweise, Mimik und Gestik. Gerade bei einem kleinen Stück sollte man darauf achten, dass es lebendig wirkt und die Darsteller nicht wie Statisten auf der Bühne stehen.
Vielleicht haben die Kinder auch schon ihre eigene Vorstellung, wie die Charaktere aussehen sollen. Die Beschreibungen in diesem Heft sind Vorschläge und können gerne variiert werden. Wichtig ist, dass die Figuren an sich noch erkennbar sind. So kann Aladin in einem silberfarbenen Kostüm auftreten, solange er z. B. an seinem Turban und den weiten Hosen erkennbar ist.

Räumlichkeiten

Vor der Planung muss unbedingt der Aufführungsort geklärt werden, damit eventuelle Schwierigkeiten mit eingeplant werden können. Die Kinder können dann auch direkt bei den Proben an eine bestimmte Aufteilung (z. B. bei einer schmalen Bühne oder einem seitlichen Abgang) gewöhnt werden.

Die ersten Proben können in einem Klassenzimmer stattfinden. Dabei sollte zunächst darauf geachtet werden, dass mit einfachen Markierungen (übereinandergestellte Tische, aufgehängte Tücher etc.) eine bestimmte Fläche als „Bühne" räumlich abgeteilt ist. Die Spieler sollen dabei lernen, auf dieser begrenzten Fläche in ihrem Spiel zu agieren. Wenn die Kinder den Text beherrschen, geht man dazu über, die Proben auf der Bühne durchzuführen, auf der die spätere Aufführung stattfinden wird.

Hilfreich ist es, wenn die jeweilige Schule eine Veranstaltungsbühne mit entsprechend großem Zuschauerraum und Bestuhlung zur Verfügung stellen kann. Auch die Generalprobe (am besten vor einem kleinen Publikum wie Freunde der Spieler) sollte auf der Bühne stattfinden, die auch für die spätere Aufführung vor einem größeren Publikum genutzt wird.

Falls keine geeigneten Räumlichkeiten zur Verfügung stehen, muss man versuchen, eine Bühne mit einfachen Mitteln zu improvisieren. Dazu sollte ein Raum gewählt werden, in dem eine größere Anzahl von Zuschauern Platz findet. Dann muss optisch eine deutliche Trennung der Spielfläche zum Zuschauerraum erreicht werden. Stellwände oder große Tafeln als Begrenzung der Bühne zur linken und rechten Seite sowie für den Hintergrund helfen dabei. Alle Spieler des Stückes halten sich hinter diesen Stellwänden – für das Publikum nicht sichtbar – auf. Das gilt natürlich auch für die Souffleure. Beim individuellen Einsatz in der jeweiligen Szene treten die Akteure zum Spiel auf die Bühne und von dort aus auch wieder hinter diese Begrenzungsflächen ab.

Wenn derartige Stellwände bereits zur Ausstattung der Schule gehören, können sie schnell und einfach zum Bühnenbild umfunktioniert werden.

Bühnenbild

Auch wenn bei der Gestaltung des Bühnenbildes der Arbeits- und Zeitaufwand so gering wie möglich gehalten wird, sollte dennoch ein zweckmäßiger Rahmen für die Aufführung entstehen. Am besten eignen sich dunkle, einfarbige große Stoffbahnen, die über die Stellwände gehängt bzw. gespannt werden. Aus (selbstklebender) Metallfolie (erhältlich in Kaufhäusern und Bastelläden) werden Symbole (z. B. Sterne, Blumen, schmückende Ornamente u. Ä.) ausgeschnitten und auf den Stoff geklebt. Die Arbeiten zur Herstellung des Bühnenbildes werden entweder von den Spielern selbst übernommen oder es wird eine eigene Gruppe mit dieser Aufgabe beauftragt. Vorher sollte eine kurze Besprechung erfolgen, um die Art der Gestaltung festzulegen. Dabei sind der Fantasie der Beteiligten keine zu engen Grenzen zu setzen. Die Kinder können natürlich auch eigene Symbole entwerfen.

Beispiele:

Sollte die Schule die benötigten Stellwände nicht zur Verfügung stellen können, kann vielleicht der Hausmeister oder ein Elternteil helfen und solche Wände selbst anfertigen.

Anleitung zum Bau einer Stellwand:

Material: Dachlatten, Bohrer, Säge, elektrischer Tacker, Stoff, Schrauben, evtl. Schmirgelpapier …

Die Stückzahl der benötigten Dachlatten hängt von ihrer Länge und der Größe der Stellwände ab. Fertigen Sie vorher eine Skizze von dem späteren Bühnenbild an und schreiben Sie die Maße der Trennwände (Höhe x Länge) dazu. Denken Sie auch an das Material zur Stützung der Rahmen und für die Stützfüße.
Vor der Verarbeitung müssen die Dachlatten, wenn nötig, kurz abgeschmirgelt werden, damit der Stoff nicht hängen bleibt.

1. Sägen Sie vier Dachlatten auf Gehrung (z. B. 2 x 160 cm und 2 x 200 cm).
2. Sägen Sie eine Dachlatte als Stütze zwischen den langen Latten zurecht.
3. Legen Sie den Rahmen auf dem Boden zusammen und kleben Sie ihn mit einem Holzleim an den Schnittstellen aneinander.
4. Fixieren Sie die Verbindungsstellen mit dem Tacker.
5. Setzen Sie nun das Mittelstück als Stütze ein. Auch hier wird geklebt und getackert.

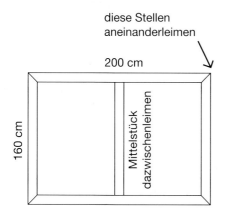
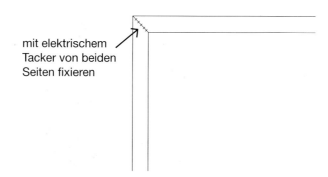

6. Nun spannen Sie den Stoff auf den Rahmen. Dies geht zu zweit oder zu dritt erheblich leichter, da Sie den Stoff auf Spannung halten müssen.

Der Stoff wird auf den Boden gelegt und der Rahmen so auf den Stoff, dass dieser gleichmäßig übersteht. An der unteren Seite des Rahmens werden später die Stützfüße angeschraubt. Daher wird der Stoff hier nicht an den Rahmen befestigt, er hängt lose nach unten.

Legen Sie den Stoff über die erste Latte (kurze Seite) und fixieren Sie ihn in der Mitte. Dies wiederholen Sie an der gegenüberliegenden Seite und an der oberen langen Seite. Die untere lange Seite wird nicht fixiert.

Gehen Sie nun von den mittig fixierten Punkten aus und tackern Sie den restlichen Stoff fest.

Gehen Sie dabei abwechselnd an den Rahmenseiten vor, dann ist es leichter, den Stoff gerade gespannt zu halten.

An den Ecken legen Sie den Stoff glatt übereinander. Sollte er dennoch ein wenig überstehen, schlagen Sie ihn ein Stückchen nach innen ein oder schneiden Sie ihn bündig an der Holzkante ab.

7. Die Stützfüße werden von hinten an den äußeren Rahmen und an der Stützlatte in der Mitte festgeschraubt. Hierzu können Sie Reststücke der Dachlatten Verwenden. Sägen Sie je Wand drei Stücke à 30 cm und zwei Verbindungsstücke, die wieder auf Gehrung geschnitten werden. Schrauben Sie die Füße an den Rahmen fest.

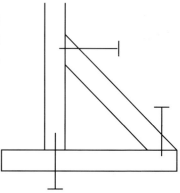

Zu den Stellwänden gibt es noch weitere Alternativen:

- Wenn eine Pappfabrik erreichbar ist, kann man hier große Pappen erhalten. Leicht beschädigtes Material wird gerne abgegeben. Die Pappen werden zusammengetackert, mit Stoff bespannt und mit Kartons an der Rückseite gestützt.

- Eine Wäscheleine wird in zwei Bahnen gespannt und darüber dunkler Stoff gehangen.

Anordnung der Stellwände:

Musik und Technik

Eine besondere Ausleuchtung der Bühne ist – je nach Räumlichkeit – sinnvoll, für das Stück jedoch nicht notwendig. Es wäre jedoch sehr effektvoll, wenn man beim Szenenwechsel die Bühne verdunkeln und die Spieler mit einem Spot anleuchten könnte. Bei Bedarf bespricht man sich am besten mit dem Hausmeister.
Für die musikalische Untermalung vor, während und am Ende des Stückes werden folgende Alternativen vorgeschlagen:

1. Die organisatorisch leichter zu realisierende Variante:
    - Die Musik kommt „vom Band".
    - Es wird ein CD-Spieler benötigt.

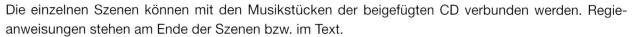

Die einzelnen Szenen können mit den Musikstücken der beigefügten CD verbunden werden. Regieanweisungen stehen am Ende der Szenen bzw. im Text.
Da die Lieder auch als instrumentale Version aufgenommen wurden, gibt es drei Möglichkeiten zur Umsetzung. Man kann
- den Text mit den Spielern einüben,
- den Gesang vom Band verwenden oder
- nur die jeweilige Instrumentalversion wählen.

Generell wäre es gut, wenn beim Szenenwechsel das Licht auf der Bühne gelöscht werden könnte und, falls diese Variante gewählt wird, die Spieler ihr Lied – von einem Spot beleuchtet – vortragen oder pantomimisch darstellen könnten.
Die Musik zwischen den Szenen sowie der Zwergen-Rap können vollständig ausgespielt werden.
Bei der Tanzeinlage der Großmutter (2. Szene) kann die Spielleitung die Lauflänge individuell bestimmen, indem die Musik langsam ausgedreht wird.

2. Die organisatorisch aufwändigere Variante:
    - Die Musik wird von einer Kindergruppe z. B. auf der Flöte gespielt (Blockflöten, Alt- und Tenorflöten). Sie gruppieren sich seitlich der Bühne.
    - Als Melodien für den Übergang zwischen den einzelnen Szenen eignen sich z. B. folgende Kinderlieder:
        - Kuckuck, Kuckuck ruft's aus dem Wald
        - Dornröschen war ein schönes Kind
        - Hänsel und Gretel verliefen sich im Wald
    - Die jeweiligen Strophen können auch zweimal hintereinander gespielt werden.

Es kann dennoch sinnvoll sein, Hintergrundmusik vor Spielbeginn vom Band laufen zu lassen, während die Zuschauer ihre Plätze einnehmen. Insoweit ist auch eine Kombination aus der 1. und 2. Variante möglich.

Die Musikanlage wird von der Spielleitung bedient.
In der Schlussszene sollten die Kinder zur Musik tanzen und evtl. mitsingen. Dadurch erscheint der Abspann lebendiger.

Die Spiellänge des Stückes verlängert sich entsprechend der gewählten Musik!

Die Rollen und ihre Kostüme

Beim Besetzen der Rollen sollte man auf den Schwierigkeitsgrad der einzelnen Rollen achten. Selbstbewusste Kinder, die gut auswendig lernen können, eignen sich für die „Hauptrollen" mit mehr Textpassagen. Wenn in der Theatergruppe keine oder nicht so viele Jungen mitspielen, können die Jungenrollen des „Aladin", „König" und „Hänsel" auch von Mädchen besetzt werden. Natürlich können auch die Zwerge von Mädchen gespielt werden. Die kleinen Rollen eignen sich besonders für schüchterne Kinder, die dabei sein wollen, aber nicht gerne im Vordergrund stehen. Bei den Kostümen kann man vielleicht das eine oder andere Stück aus dem Karnevalsfundus der Kinder verwenden (besonders vorteilhaft bei Aladin, Dornröschen oder der Hexe).

Hauptrollen:

Aladin: Größerer Textanteil, der Auftritt erfolgt in allen vier Szenen.

Aladin trägt eine weite Pluderhose, möglichst in einer grell-bunten Farbe, und ein weißes Hemd. Um die Taille wird ein einfarbiger Schal gebunden. Ein Turban oder ein glitzerndes Stirnband runden das Erscheinungsbild ab. Dazu passt auffälliger Schmuck, wie Kreolen (Ohrclips), große Ketten oder Ringe. Mit Kajalstift die Augen schminken und ggf. auch ein kleines Oberlippenbärtchen aufmalen.

Rapunzel: Größerer Textanteil, der Auftritt erfolgt in allen vier Szenen.

Rapunzel trägt einen kurzen Rock und ein Shirt. Die Haare können mit farbigen Strähnen versehen werden. Die Frisur sollte eher schick sein und muss sich auf jeden Fall von der zweiten „Sturmfrisur" (ab der zweiten Szene) unterscheiden. Dann werden die Haare schnell toupiert und mit Haarlack fixiert. Wenn vorhanden, kann man auch eine Perücke vorbereiten.

Gretel: Größerer Textanteil in der vierten Szene.

Gretel trägt einen Dirndl-Look (Rock, Bluse und kleine Schürze). Die Haare sind zu zwei Zöpfen geflochten (evtl. Perücke).

Hänsel: Größerer Textanteil in der vierten Szene.

Hänsel trägt ein kariertes Hemd, knielange oder dreiviertellange Hosen und einen Hut oder eine Mütze.

Nebenrollen:

Sterntaler: Rolle mit mittlerem Schwierigkeitsgrad. Der Auftritt erfolgt in der zweiten Szene sowie ohne Text in der Schlussszene.

Sterntaler trägt ein sehr langes, großes weißes Shirt oder Hemd und eine farbige Strumpfhose. Als Schmuck eignet sich eine Kette mit Goldtalern.

Rotkäppchen: Rolle mit mittlerem Schwierigkeitsgrad. Der Auftritt erfolgt in der zweiten Szene sowie ohne Text in der Schlußszene.

Rotkäppchen trägt eine rote Schirmmütze, ein rotes T-Shirt und Jeans oder einen Jeansrock.

Großmutter: Rolle mit mittlerem Schwierigkeitsgrad. Der Auftritt erfolgt in der zweiten Szene sowie ohne Text in der Schlussszene.

Die Großmutter trägt einen längeren, möglichst dunklen Rock, dazu eine helle Bluse sowie ein Dreiecktuch, das um ihre Schultern liegt und vorne vor der Brust zusammengebunden oder mit einer Brosche zusammengesteckt ist. Ein Häubchen für die Haare (z. B. Duschhaube) oder ein Haarnetz runden das Erscheinungsbild ab. Derartige Accessoires sind i. d. R. im Drogeriehandel erhältlich.

Dornröschen: Rolle mit mittlerem Schwierigkeitsgrad. Der Auftritt erfolgt in der dritten Szene sowie ohne Text in der Schlussszene.

Dornröschen trägt ein klassisches Prinzessinnenkostüm. Insoweit sollte man bei der Rollenverteilung bereits nachfragen, welches Mädchen ein solches Karnevalskostüm besitzt. Dazu passt eine kleine Krone, ein Diadem o. Ä.

König: Rolle mit mittlerem Schwierigkeitsgrad. Der Auftritt erfolgt in der dritten Szene sowie ohne Text in der Schlussszene.

Der König trägt eine dunkle Hose und ein helles Hemd, darüber einen langen roten Umhang (einfaches vier- oder rechteckiges Tuch aus Samt oder Pannesamt), der mit einer großen Brosche oder Schnalle vorne vor der Brust zusammengehalten wird. Dazu gehört eine Krone, die ggf. auch aus Goldfolie mit einem Gummibändchen selbst gebastelt werden kann.

Hexe: Rolle mit mittlerem Schwierigkeitsgrad in der vierten Szene.

Die Hexe trägt ein Hexenkostüm und Sportschuhe. Vorteilhaft ist auch hier ein Karnevalskostüm. Sollte kein Hexenkostüm vorhanden sein, kann man mit einem schwarzen Rock und einer schwarzen Bluse improvisieren. Die Haare können „wild" toupiert werden. Ein Hut eignet sich nicht, da er beim Laufen/Joggen auf der Bühne evtl. verrutschen würde, aber ein Stirnband wäre passend.

Schneewittchen:	Rolle mit mittlerem Schwierigkeitsgrad in der vierten Szene.
	Schneewittchen trägt ein langes Kleid oder einen langen Rock mit T-Shirt oder Bluse. Dazu passt ein Umhang (einfaches vier- oder rechteckiges Tuch), der mit einem großen Ring oder einer Schnalle vorne vor der Brust zusammengehalten wird.
Zwerge:	Rollen mit leichtem Schwierigkeitsgrad für die Variante, dass mehr als zwölf Kinder an der Aufführung teilnehmen. Der Auftritt erfolgt mit einem kurzen Textanteil in der vierten Szene.
	Die Zwerge tragen bunte oder karierte Hemden, evtl. Westen, und knielange Hosen. Falls vorhanden, passen auch Hüte und Zipfelmützen dazu. Aus Watte und Gummibändern lässt sich bei manchen auch ein falscher Bart gestalten. An einem Halsband tragen zwei Zwerge eine Trillerpfeife.
Souffleure:	Da es vorkommen kann, dass ein Spieler auch mal seinen Text vergisst, ist es sinnvoll, einen oder mehrere Souffleure einzusetzen. Diese Kinder stehen hinter den Stellwänden (s. Beschreibung Bühnenbild), sodass sie für das Publikum nicht sichtbar sind. Sie erhalten den kompletten Text des Stückes und können bei Bedarf das entsprechende Stichwort geben oder Textpassagen ablesen. Die Souffleure eignen sich auch gut für eine Zweitbesetzung, da sie nach einigen Probeterminen die meisten Rollen auswendig kennen. Sollten am Tage der Aufführung Kinder wegen Krankheit ausfallen, könnten sie diese Rollen problemlos übernehmen. Da die Souffleure nicht sichtbar in das Spiel intergriert sind, haben die Kinder vielleicht keine Lust, diesen Part freiwillig zu übernehmen. Man sollte sie jedoch auf diese verantwortungsvolle Aufgabe ausdrücklich hinweisen. Vielleicht hilft es der Motivation auch, wenn man ihnen den Titel eines „Regisseurs" verleiht. Sie können auch für die nötigen Geräusche verantwortlich sein, wie das Klopfen in der zweiten Szene.
Flötenspieler:	(Für die Variante, dass mehr als zwölf Kinder an der Theateraufführung teilnehmen.) Die Flötenspieler stehen mit 1-2 Notenständern rechts oder links vor der Bühne. Es können Blockflöten, Alt- und / oder Tenorflöten eingesetzt werden. Die Kinder sollten notensicher sein und Melodien auf ihren jeweiligen Flöten ohne Probleme spielen können.
	Die Flötenspieler können ihre Kostüme selbst gestalten, sie müssen jedoch zum Thema „Märchen" passen. Die Spieler können als Prinzessinnen, Elfen, Zauberer oder auch als Tiere (Katzen, Mäuse o. Ä.) auftreten, je nachdem, was der persönliche Karnevalsfundus hergibt.

Requisiten

Die Anzahl der benötigten Requisiten ist aus organisatorischen und aus Kostengründen auf ein übersichtliches Maß beschränkt. Sie sind alle im privaten Haushalt oder in der Schule vorhanden und können leicht organisiert werden. Der Spielleitung ist es selbst überlassen, weitere (vielleicht schmückende) Requisiten zu verwenden.

– Handtasche und Armbanduhr (Rapunzel)
– Korb (Rotkäppchen)
– Brettspiel „Mensch ärgere Dich nicht" (2. Szene)
– Schürze, Nudelholz, evtl. Backförmchen (Gretel)
– dünnes Handtuch (Hexe)
– Walkman, Discman oder MP3-Player (Dornröschen)
– Zeitung (König)
– Tafeln / Transparente mit der Aufschrift „Streik", „Jetzt reicht´s" o. Ä., zwei Trillerpfeifen (Zwerge)
– Tisch
– drei Stühle
– ein Teppich als Flugobjekt

Werbeplakate und Einladungskarten

Für eine richtige Theateraufführung braucht man natürlich Plakate zur Ankündigung und die passenden Einladungskarten für Eltern, Lehrer, Freunde und Bekannte.
Sollte das Stück mit einer kleineren Gruppe von Kindern gespielt werden, müssen die Spieler selbst kreativ werden. Falls eine ganze Schulklasse an dem Projekt beteiligt ist, kann auch eine gesonderte Kindergruppe die künstlerische Gestaltung von Bühnenbild, Plakaten und Einladungskarten übernehmen. In diesem Fall können die Gestaltungsarbeiten – falls genug Zeit zur Verfügung steht – auch etwas aufwändiger ausfallen. Ansonsten können die vorliegenden Kopiervorlagen verwendet werden.
Die Vorlagen können auf farbiges Papier kopiert und später von den Kindern selbst verteilt werden.

Einladung

(Eine Märchen-Satire in 4 Akten)

_____, den _____

in _____

um _____ Uhr

Wir freuen uns auf Ihren Besuch!

Diese Einladung gilt als Eintrittskarte. Die Platzwahl ist frei.

Es spielen:

 Aladin	 Rapunzel	 Gretel
 Hänsel	 Sterntaler	 Rotkäppchen
 Großmutter	 Dornröschen	 König
 Hexe	 Schneewittchen	 Zwerge

Bühnenbild: _____

Souffleur: _____

Musik: _____

> Was macht eigentlich Aladin heute?
> Lebt Schneewittchen noch bei ihrem Prinzen?
> Und was wurde aus Rotkäppchen?

Neugierig?

Dann schaut euch unser
Märchen-Theaterstück an!

_____

(eine Märchen-Satire in 4 Akten)

am _____, den _____

in _____

um _____ Uhr

Viel Spaß wünschen

_____

Vorbereitungen für den Tag der Aufführung

Die richtigen Vorbereitungen am Tag vor der Aufführung erleichtern den späteren Ablauf. Auch hier sollte man alle beteiligten Kinder mit einbeziehen. Eine Absprache mit dem Hausmeister und dem Reinigungspersonal ist sinnvoll.

Die Bühne muss in den „Endzustand" versetzt werden. Die optischen Begrenzungen (Stellwände oder entsprechender Ersatz) werden – fertig dekoriert – direkt an den vorgesehenen Stellen platziert. Der Tisch und die Stühle sollten ebenfalls auf die Bühne gestellt werden. Das „Mensch-ärgere-Dich-nicht-Spiel" kann bereits auf dem Tisch aufgebaut werden. Förmchen und Nudelholz für die vierte Szene können zunächst noch in einer Schublade oder in einem Unterfach des Tisches versteckt werden.

Auch der Zuschauerraum wird entsprechend vorbereitet. Falls nicht schon vorhanden, müssen ausreichend Stühle aufgestellt werden. Bei Platznot können sich Kinder auch auf Matten oder Teppichfliesen vor die erste Reihe setzen.

Die Musikanlage und – falls vorhanden – die Beleuchtung, müssen aufgestellt, ausgerichtet und auf ihre Funktion überprüft werden.

Die Kostüme, Schminkutensilien und persönlichen Requisiten der Spieler sollten vorher in einem separaten Raum, je nach Rolle, zusammengelegt werden. Dort können sich die Kinder in Ruhe umziehen und zurechtmachen und haben alle benötigten Requisiten tatsächlich bei sich.

Am Tag der Aufführung sollten sich die Beteiligten ca. 30 Minuten (je nach Meinung der Spielleitung) vor dem geplanten Spielbeginn einfinden und ihre Kostüme anlegen. Gegenseitige Hilfe (z. B. beim Schminken) sollte selbstverständlich sein. Vielleicht findet sich vorab eine Mutter, die den Kindern bei der Generalprobe und an diesem Abend zur Hand geht.

Spieler und Souffleure nehmen dann ihre Position hinter den Stellwänden oder Vorhängen auf der Bühne ein. Während die Zuschauer in den Saal strömen, wird eine Hintergrundmusik gespielt. Bevor die Aufführung beginnt, sollte der zuständige Lehrer oder die Spielleitung ein paar kurze Worte zur Begrüßung und Einstimmung auf das Stück sprechen.

Das Theaterstück darf aus **lizenzrechtlichen Gründen** nur **kostenfrei**, also ohne Eintrittsgeld aufgeführt werden. Es steht Ihnen aber frei, die Eltern um eine Spende zu bitten, als Entschädigung für den Kostenaufwand (Beitrag für Kostüme, Requisiten, Kulisse u. A.). Statt für die Klassenkasse kann auch für ein gemeinnütziges, wohltätiges Projekt, welches die Schule unterstützt, um Spenden gebeten werden.

Gut ist es, die Besucher vor der Aufführung hierüber zu informieren.

Dabei sollten schon vorab Kinder bestimmt werden, die solche Spendengelder (z. B. in einer Spardose) am Eingang zum „Theatersaal" beim Eintritt oder nach der Aufführung einsammeln.

Märchen-Theater
„Es war einmal – im 21. Jahrhundert"

1. Szene – Aladin und Rapunzel

Requisiten: Handtasche und Armbanduhr (Rapunzel)
CD Lied Nr. 1 – Intro

Aladin betritt – tanzend zur Musik – die Bühne. Die Musik endet.

Aladin: *(hält plötzlich inne und sieht staunend ins Publikum)*
Donnerwetter, hier ist ja was los! So viele Leute.
Ihr wollt bestimmt sehen, wie es in der Märchenwelt heute ausschaut.
Also – ich kann euch sagen, auch an uns Märchenfiguren ist die Zeit
nicht spurlos vorbeigegangen – da hat sich einiges verändert.

Rapunzel, (Haare schick frisiert – evtl. mit farbigen Strähnen – kommt mit einer Handtasche auf die Bühne)

Aladin: *(beeindruckt)*
Wow, Rapunzel, deine Haare – das ist ja eine Überraschung!

Rapunzel: Hey Aladin. Schick, nicht wahr?
Ich bin schnell mal zum Friseur gegangen.
Diese langen Haare haben mich total genervt.
Ständig muss man aufpassen, dass man nicht hängen bleibt
oder darauf tritt.
Da wollte ich mal etwas Neues ausprobieren.

Aladin: Also ich find´s prima.
Das steht dir echt gut, Rapunzel.
(schleicht sich seitwärts an sie heran)
Fährst du denn alleine zur Geburtstagsfeier von Hänsel?

Rapunzel: Auf jeden Fall!
Mein edler Prinz ist ein richtiger Macho geworden.
Ständig sitzt er vor dem Fernseher oder seinem Computer.
Den gesamten Haushalt kann ich alleine machen.
Jetzt habe ich genug!
(fragt vorsichtig)
Wo ist denn eigentlich Jasmin, deine Frau?

Aladin:	*(winkt ab)*
	Ach, die ist mit ihrer Bauchtanzgruppe zu einem Selbstfindungskurs nach Sylt gefahren. Da bin ich überflüssig!
Rapunzel:	Dann lass uns doch gemeinsam zur Geburtstagsfeier reisen. Oh, ich glaube, wir müssen uns beeilen,
	(schaut auf ihre Armbanduhr)
	der Zug fährt in einer Viertelstunde – jedenfalls steht das auf dem Fahrplan …
Aladin:	*(gibt mächtig an)*
	Wieso Zug – wir fliegen mit meinem neuen Z-100, dem sportlichsten aller Teppiche! Das ist nicht nur schneller, sondern auch viel billiger. Bei den Bahnpreisen und der Ökosteuer, da heißt es auf preiswerte und umweltfreundliche Beförderungsmittel umsteigen.
Rapunzel:	Super Idee! Da liegst du ja mit deinem Teppich voll im Trend und wir kommen auf jeden Fall pünktlich zur Geburtstagsparty.
Aladin:	Klar. Und da dieses Modell einen Turboantrieb hat, können wir unterwegs sogar noch ein paar Freunde besuchen.
Rapunzel:	Au ja – wir werden sie überraschen!

Rapunzel hakt sich bei Aladin ein und beide verlassen die Bühne.

 Musik erklingt als Übergang: CD Lied Nr. 2 – Super-Teppich

Vorschlag: Das Licht geht aus. Dann wird die Bühne nur noch von einem Spot beleuchtet, Aladin und Rapunzel sitzen auf einem Teppich und „fliegen" zur Musik – dargestellt durch entsprechende Gesten. Dies kann als Playback oder mit eigenem Gesang aufgeführt werden. Nach dem Lied geht das Licht wieder an und beide verlassen die Bühne. Zwei Helfer sollten bereitstehen, um Rapunzels Haare schnell zu toupieren (Hauptsache wild).

2. Szene – Bei der Großmutter

Requisiten: Tisch mit drei Stühlen, Brettspiel, Korb

Großmutter, Rotkäppchen und Sterntaler sitzen am Tisch beim Brettspiel und würfeln.

Großmutter: *(reicht den Würfel weiter)*
Rotkäppchen, du bist dran!

Rotkäppchen: Ja, ich mach' ja schon.

Es klopft.

Rotkäppchen: Oh, ich glaube, es hat geklopft – wir bekommen Besuch.

Großmutter: Herein in die gute Stube!

Aladin und Rapunzel – jetzt mit Sturmfrisur – kommen herein.

Aladin: Guten Tag miteinander, das sieht ja gemütlich aus bei euch!
Was spielt ihr denn?

Großmutter: Wir spielen „Wolf, ärgere dich nicht".
Macht richtig viel Spaß!

Aladin: Oh, interessante Variante!

Sterntaler: Naja, die Großmutter gewinnt ja immer.
(starrt mit offenem Mund auf Rapunzels Haare)

Rapunzel: *(irritiert von Sterntalers Blick)*
Äh, wo ist denn der Jäger?

Großmutter: Den Jäger kannst du vergessen!
Jetzt, wo es in unseren Wäldern keine Wölfe mehr gibt, ist er in Rente gegangen.
Seitdem hat er so viel Stress, dass er überhaupt keine Zeit mehr findet, uns zu besuchen.

Rotkäppchen:	Stimmt, neulich habe ich ihn sogar beim Golfspielen mit dem tapferen Schneiderlein gesehen. Da die Riesen ausgestorben sind, ist es dem Schneiderlein auch zu langweilig geworden. Jetzt trainieren die beiden für die Senioren-Golfmeisterschaften in Kitzbühel.
Rapunzel:	*(erstaunt)* Bist du denn wieder gesund, Großmutter? Musst du denn gar nicht mehr im Bett liegen?
Großmutter:	Och, das war früher. Dank der modernen Medizin bin ich fit wie ein Turnschuh!
	CD Lied Nr. 3 (Großmutter springt auf, ein paar Takte Musik werden gespielt, zu denen sie einen kleinen Tanz vorführt) Außerdem bringt mir Rotkäppchen jetzt täglich richtig gesundes Essen ins Haus – viel Obst und Gemüse – echt lecker, kann ich euch sagen.
Rotkäppchen:	Ja, ich habe mein Sortiment an Speisen und Getränken ein wenig erweitert. Sterntaler kennt sich sehr gut aus mit den Finanzen und hat mich ein bisschen beraten. Da habe ich mein eigenes Geschäft aufgemacht.
Sterntaler:	Rotkäppchen hat mich natürlich daran beteiligen müssen. So geht es uns beiden nicht schlecht.
Aladin:	Jaja, davon habe ich schon gehört.
Sterntaler:	Du solltest auch mehr mit der Zeit gehen, Aladin. Mit deinem Teppich könntest du prima ins Transportgeschäft einsteigen. Ich könnte dich beraten und dir einen günstigen Kredit verschaffen. Natürlich müsstest du mich ...
Aladin:	... an dem Geschäft beteiligen. Schon klar, ich überleg´s mir mal.
Sterntaler:	Glücklicherweise sind die Zeiten vorbei, als ich arm war und nichts hatte. Nach dem Goldregen habe ich erst einmal die Taler zur Bank gebracht und gut angelegt. Da spart man sich schnell einiges zusammen.

Rapunzel:	Schön, dass du nicht mehr arm bist und im Wohlstand leben kannst. Und wie schaut es bei dir im Lebensmittel-Service aus, Rotkäppchen?
Rotkäppchen:	Die Geschäfte laufen prima! Hänsel hat auch schon eine Bestellung für seine Geburtstagsfeier aufgegeben. Ach je, ich glaube, da muss ich noch einiges vorbereiten. Hilfst du mir, Sterntaler?
Sterntaler:	*(steht auf)* Klar, welche Frage – so erfolgreiche Geschäftsfrauen wie wir müssen doch zusammenhalten! *(dreht sich zu Rapunzel)* Coole Frisur.

Sterntaler und Rotkäppchen mit Körbchen haken einander unter und verlassen die Bühne.

Rapunzel:	*(überprüft ihre Haare, erschrickt und wirft Aladin einen wütenden Blick zu)* Dein Superteppich!

Aladin hält sich für völlig unschuldig.

Großmutter:	Und wer spielt jetzt mit mir weiter? Was ist mit euch beiden?
Aladin:	Wir können leider nicht, Großmutter, wir wollen noch ein paar Freunde besuchen.
Großmutter:	Schade! Dann sehen wir uns auf dem Geburtstagsfest.
Aladin:	Tschüss, bis später!

Aladin und Rapunzel verlassen die Bühne, sie gestikuliert wütend wegen ihrer Haare. Die Großmutter räumt das Spiel zusammen und geht ebenfalls von der Bühne.

 CD Lied Nr. 4 – Vorbereitung der Party

Instrumentale Musik erklingt als Übergang und setzt schon leise ein, während die Großmutter aufräumt.
Alternative: Sterntaler und Rotkäppchen kommen auf die Bühne und singen im Spotlicht.

3. Szene – Bei Dornröschen

Requisiten: Stuhl, Zeitung, Walk- oder Discman

Dornröschen sitzt auf einem Stuhl, hört mit einem Walkman Musik und singt laut und falsch vor sich hin. Rapunzel und Aladin treten auf. Aladin tippt Dornröschen an die Schulter. Diese quiekt und springt auf.

Aladin:	Hallo Dornröschen, wie geht's? Kommst du auch zur Geburtstagsfeier von Hänsel?
Dornröschen:	Ach, ihr seid das – ihr habt mich vielleicht erschreckt! Ja klar komme ich zum Fest , das wird doch ein großer Spaß. Es hat sich schon im ganzen Land herumgesprochen. Endlich wieder mal `ne richtige Party!
Rapunzel:	*(erstaunt)* Dornröschen, du schläfst nicht mehr?
Dornröschen:	Nein, nein - hier ist es viel zu laut zum Schlafen. Seitdem der neue Flughafen nebenan gebaut worden ist, macht keiner mehr ein Auge zu. Selbst nachts düsen die Flugzeuge über das Schloss.
Aladin:	Ja, davon habe ich gehört, das ist wirklich eine Plage! Was sagen denn deine Eltern?
Dornröschen:	Mein Vater möchte das Schloss sehr gerne verkaufen. Aber jetzt will es natürlich keiner mehr haben.

König, mit einer Zeitung unter dem Arm, tritt auf.

Dornröschen:	Hallo Papa, das sind Rapunzel und Aladin. Sie reisen zur Geburtstagsparty von Hänsel.
König:	Ihr habt es gut! Ich würde auch gerne mal verreisen - am liebsten mit einem von diesen Flugzeugen, die ständig über unser Schloss fliegen.
Dornröschen:	*(entrüstet)* Aber Papa, du schimpfst doch sonst immer über die Flugzeuge und den Lärm!

König:	Papperlapap! Auch ein König braucht mal Pause. Eigentlich habe ich gar keine Lust mehr, das Land zu regieren. Außerdem hört mir sowieso niemand richtig zu.
Dornröschen:	*(entsetzt)* Aber das geht doch nicht, du bist doch der König!
König:	Das bedeutet heute nicht mehr viel. Ich bin total urlaubsreif. Nach Ägypten reisen und mir dort die Pyramiden und die alten Königspaläste anschauen, das wollte ich schon immer. Oder vielleicht doch lieber einen Strandurlaub in Kalifornien … *(überlegt)* Ich glaube, ich muss mir im Reisebüro erst einmal ein paar Prospekte besorgen. Tschüss!

König verlässt die Bühne.

Dornröschen:	Ihr habt es gehört, mit meinem Vater ist zurzeit nicht viel anzufangen. Keine Ahnung, ob er zur Geburtstagsparty kommt. Aber ich komme gerne mit.

Dornröschen, Aladin und Rapunzel verlassen die Bühne.

Musik erklingt als Übergang.

 CD Lied Nr. 5 – Der lustlose König

Vorschlag: Der König kommt auf die Bühne, setzt sich ins Licht und träumt, während das Lied (mit Gesang) spielt. Wenn die Musik endet, steht er auf und verlässt die Bühne.

4. Szene – Hänsel und Gretel

Requisiten: Tisch, Schürze, Nudelholz, Backförmchen

Gretel steht mit Schürze am Tisch, knetet einen unsichtbaren Teig und arbeitet mit Nudelholz und Förmchen.

Gretel: *(hält inne, sieht auf und stöhnt)*
Oh je, nach den Plätzchen muss ich noch den Geburtstagskuchen für meinen Bruder backen.
Diese Vorbereitungen, was für eine Arbeit!

Hänsel betritt die Bühne.

Hänsel: Hm, das riecht ja schon lecker.
Was backst du denn da, Schwesterherz?

Gretel: Das ist meine neue Spezialität.
Dinkelplätzchen aus Bio-Mehl mit einem kleinen Spritzer Honig.

Hänsel: *(ungläubig)*
Und das schmeckt?

Gretel: Natürlich schmeckt das!
Ich backe jetzt nur noch Vollwertkost – alles ökologisch angebaut.
Zucker nehme ich auch nicht mehr.
Es gibt ja Honig, der ist viel gesünder.

Hänsel: *(enttäuscht)*
Aber Gretel, deine Lebkuchen waren immer so lecker!
Könntest du nicht wenigstens ein paar von deinen Zuckerbrezeln backen?

Gretel: Eigentlich backe ich gar nicht mehr nach den alten Rezepten.
Aber – na ja, weil du es bist. Meinetwegen!

Hänsel: Super, schließlich ist es ja auch **mein** Geburtstag.

Gretel:	*(genervt)* Ja, ja, mein Prinz, du brauchst es dir nur zu wünschen. Diese ganze Backerei für deine Partygesellschaft wird mir einfach zu viel. *(legt die Teigrolle zur Seite und stemmt ihre Hände in die Hüften)* Vielleicht kann der Herr mir etwas helfen und für den Geburtstagskuchen schon mal die Möhren schälen?
Hänsel:	Wer, ich? Ich glaube, das wäre keine gute Idee. Nachher schneide ich mir noch in den Finger!
Gretel:	Typisch mein Bruder. Sag mal – hast du tatsächlich auch die Hexe eingeladen? Die habe ich ja schon ewig nicht mehr gesehen.
Hänsel:	Ach, seitdem sie auf ihrem Fitness-Trip ist, ist sie sehr mit sich selbst beschäftigt und ganz friedlich geworden. Da habe ich sie halt eingeladen.

Hexe kommt joggend auf die Bühne, läuft auf der Stelle ein bisschen weiter.

Hänsel:	Hexe, du joggst ja schon wieder! Ist das in deinem Alter nicht zu anstrengend?
Hexe:	Keineswegs, wer rastet, der rostet. Mit Bewegung und einer gesunden Ernährung habe ich die besten Voraussetzungen, richtig alt zu werden.
Gretel:	Aber du bist doch schon sehr alt!
Hexe:	Pah, alt sein allein genügt nicht. Wir sind die neuen Alten! Gesundheit und Fitness sind gefragt, da darf man sich nicht so hängen lassen.
Gretel:	Hast du das nötig? Du kannst doch zaubern.
Hexe:	Ach was, wen interessiert das heute noch? Das beeindruckt doch keine Menschenseele mehr. Und nun haltet mich nicht auf, ich trainiere für die nächsten olympischen Spiele.

Hexe verlässt joggend die Bühne. Gretel nimmt die Schürze ab und trägt mit Hänsel zusammen den Tisch zur Seite. Schneewittchen tritt auf.

Schneewittchen: Hallo miteinander!

Hänsel: Hallo Schneewittchen!
Hattest du eine gute Reise?

Schneewittchen: Nein, überhaupt nicht.
Die Wegstrecke ist sehr schlecht.
Überall Schlaglöcher, man kommt mit der Kutsche gar nicht richtig vorwärts.
Und dann diese Baustellen.
Zwei Stunden habe ich im Stau gestanden!

Gretel: Sei froh, dass du nicht den Räubern begegnet bist.
Ich habe gehört, dass sie wieder den Wald unsicher machen.

Schneewittchen: Ja, schrecklich, nicht wahr?
Dieses Gesindel!
Man kann sich heutzutage nicht mehr sicher fühlen!
Aber die Zwerge haben mich begleitet und gut aufgepasst, dass nichts passiert.
(reibt sich den Nacken)
Es war nur etwas eng mit acht Personen in der Kutsche …

Hänsel: *(grinst)*
Altes Modell, wie?
Da bin ich aber froh, dass ihr gesund angekommen seid.

Schneewittchen: *(streckt Hänsel die Zunge raus und fragt Gretel)*
Sind die Gäste schon da?

Aladin, Rapunzel, Rotkäppchen, Sterntaler, Großmutter, Dornröschen, König und Hexe betreten die Bühne.

Aladin: Hallo, alle zusammen, da sind wir!

Hänsel: Super, dann können wir ja jetzt mit der Party beginnen. Musik!

Musik erklingt und alle Figuren singen und tanzen.

  CD Lied Nr. 6 – Partylied

Nach dem Lied tritt Rapunzel vor.

Rapunzel: Nun habt ihr gesehen: Auch wir Märchenfiguren gehen mit der Zeit.
Wir hoffen, es hat euch gefallen.

Alle: ... und wenn wir nicht gestorben sind, dann leben wir noch heut!

 CD Lied Nr. 8 – Abschlusstanz

Die Spieler führen einen kleinen Tanz auf und verlassen, sich nacheinander verbeugend, die Bühne.

Die Beteiligten hinter der Bühne (Souffleure, Musiker, Bühnenbildner) kommen auf die Bühne, die Spielleitung bedankt sich bei ihnen. Die Spieler kommen hinzu, alle verbeugen sich und gehen ab.

 CD Lied Nr. 9 – Outro zum Ausklang spielen, bzw. wenn die Zuschauer den Raum verlassen.

# Alternatives Ende zur 4. Szene

(für bis zu 18 Mitspielern durch Auftritt der Zwerge)
Requisiten (zusätzlich): Tafeln/Transparente, zwei Trillerpfeifen

*Hexe verlässt joggend die Bühne, Schneewittchen und die Zwerge treten auf.
Die Zwerge halten Streiktafeln und Transparente in den Händen.*

Schneewittchen: Hallo miteinander!

Hänsel: Hallo Schneewittchen!
Hattest du eine gute Reise?

Schneewittchen: Nein überhaupt nicht.
Die Wegstrecke ist sehr schlecht.
Überall Schlaglöcher, man kommt mit der Kutsche gar nicht richtig vorwärts.
Und dann diese Baustellen.
Zwei Stunden habe ich im Stau gestanden!

Gretel: Sei froh, dass du nicht den Räubern begegnet bist.
Ich habe gehört, dass sie wieder den Wald unsicher machen.

Schneewittchen: Ja, schrecklich, nicht wahr?
Dieses Gesindel!
Man kann sich heutzutage nicht mehr sicher fühlen!
Aber die Zwerge haben mich begleitet und gut aufgepasst, dass nichts passiert.
(reibt sich den Nacken)
Es war nur etwas eng mit acht Personen in der Kutsche …

Hänsel: *(grinst)*
Altes Modell, wie?
(Zu den Zwergen)
Wie schön, dass ihr euch frei genommen habt und auch gekommen seid!

Zwerg 1: *(entrüstet)*
Was heißt hier frei nehmen?

Zwerg 2: Irrtum, mein Lieber, wir streiken!

Zwerg 3: Genau, das Bergwerk bleibt bis auf Weiteres geschlossen!

Zwerg 4:	Jawohl, wir haben die Nase voll!
	(pfeift kurz auf der Trillerpfeife)
Zwerg 5:	Es reicht jetzt!
Zwerg 6:	Schon wieder keine Lohnerhöhung. Noch eine Nullrunde machen wir nicht mit!
Zwerg 7:	Wir wollen mehr Geld!
	(pfeift kurz auf der Trillerpfeife)
Zwerg 4:	Zurück zur 35-Stunden-Woche …
Zwerg 6:	… und zu bezahlten Pausenzeiten …
Zwerg 1:	… mit Schokoladenkuchen …
	(erhält von den nebenstehenden Zwergen eine Kopfnuss)
Zwerg 7:	… und jedes Wochenende Freizeit …
Zwerg 3:	… keine Nachtschichten mehr …
Zwerg 5:	… und keine Kündigungen …
Zwerg 2:	*(hebt den Zeigefinger und macht den Mund zwei Mal auf und zu)*
	… und überhaupt …

 CD Lied Nr. 7 – Zwergen-Rap (Text individuell aufteilen oder das Lied als Playback verwenden)

Schneewittchen:	So, Jungs, das reicht jetzt aber! Wir sind hier nicht auf einer Demo, das ist eine Geburtstagsparty. Sind die Gäste schon da?

Aladin, Rapunzel, Rotkäppchen, Sterntaler, Großmutter, Dornröschen, König und Hexe betreten die Bühne.

Aladin:	Hallo, alle zusammen, da sind wir!
Hänsel:	Super, dann können wir ja jetzt mit der Party beginnen. Musik!

Musik erklingt und alle Figuren singen und tanzen.

  CD Lied Nr. 6 – Partylied

Nach dem Lied tritt Rapunzel vor.

Rapunzel:	Nun habt ihr gesehen: Auch wir Märchenfiguren gehen mit der Zeit. Wir hoffen, es hat euch gefallen.
Alle:	... und wenn wir nicht gestorben sind, dann leben wir noch heut!

  CD Lied Nr. 8 – Abschlusstanz

Die Spieler führen einen kleinen Tanz auf und verlassen, sich nacheinander verbeugend, die Bühne

Die Beteiligten hinter der Bühne (Souffleure, Musiker, Bühnenbildner) kommen auf die Bühne, die Spielleitung bedankt sich bei ihnen. Die Spieler kommen hinzu, alle verbeugen sich und gehen ab.

  CD Lied Nr. 9 – Outro zum Ausklang spielen, bzw. wenn die Zuschauer den Raum verlassen.

Super-Teppich

© Musik und Text
Sebastian Benthin

Vorbereitung der Party

**© Musik und Text
Sebastian Benthin**

Der lustlose König

© Musik und Text
Sebastian Benthin

Ich sitz' in mei-nem Schloss und träum' so vor mich her. Im-mer nur re-
Er sitzt in sei-nem Schloss und träumt so vor sich her. Im-mer nur re-

gier-en, das fällt mir ganz schön schwer. Ich möcht so ger-ne mal was
gier-en, das fällt ihm ganz schön schwer. Er möcht so ger-ne mal was

an-dres seh'n. Die Welt be-rei-sen und spa-zie-ren geh'n. Der
an-dres seh'n. Die Welt be-rei-sen und spa-zie-ren geh'n. Der

Flug-lärm macht mich krank. Doch än-dern kann ich nichts. Wen in-t'res-siert es
Flug-lärm macht ihn krank. Doch än-dern kann er nichts. Wen in-t'res-siert es

denn, dass ich hier im-mer sitz'? Ich möcht so ger-ne mal was
denn, dass er hier im-mer sitzt? Er möcht so ger-ne mal was

an-dres seh'n. Die Welt be-rei-sen und spa-zie-ren geh'n.
an-dres seh'n. Die Welt be-rei-sen und spa-zie-ren geh'n.

Ich will hier raus und weit, weit weg von hier. Bin so lust-

-los und ich lang-weil' mich sehr. Währ' so gern auf ei-ner

In-sel al-lein. Ich will rei-sen und kein Kö-nig sein.

Ich will rei-sen und kein Kö-nig sein.

Partylied

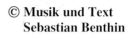
© Musik und Text
Sebastian Benthin

Die Party kann jetzt starten, denn wir sind alle da. Wir feiern den Hänsel, der ist heut unser Star. Gutes Essen, Fröhlichkeit, Musik ja und auch ihr. Jetzt wird es laut und lustig, 'ne tolle Stimmung hier. Jetzt wird gefeiert, bis der Morgen uns begrüßt. Weil wir so froh sind, dass es uns hier gibt. Jetzt wird gefeiert, wir machen jeden Blödsinn mit! Ja ihr könnt staunen, wie gut es uns geht.

Wir sind nicht mehr wie früher, doch macht uns das nichts aus. Sind immer noch erfolgreich, man macht das Beste draus. Mit Superteppich, kurzem Haar und manchmal sehr gehetzt. So leben wir im Märchen, nicht damals sondern jetzt.